WHAT IS
THE HUMAN
HAPPINESS THEORY?

HSU

人類の幸福を探究する新学問

「人間幸福学」とは何か

Ryuho Okawa
大川隆法

まえがき

二〇一五年に創設予定の「人間幸福学部」(幸福の科学大学)に対して、「人間幸福学」の定義を聞いてくる方が次々と出てくる。

そこで総論的にお答えする必要があると考えて、本書、『「人間幸福学」とは何か』の元になる講義をし、ここにテキスト化して発表するものである。

本来は「宗教学部」に相当するものなのかもしれないが、宗教法人「幸福の科学」の基本教義をテキスト化していくにあたって、その射程《しゃてい》に入る領域が多岐《たき》にわたっているため、プラグマティックな面から「新しい哲学」を「人間幸福学」としてまとめ直したほうがよいのではないか、というのが、私の基本的考えである。多少欲張りで、過去に対してだけでなく、未来に対しても開いている学問であるので、今後とも時代の変化に取り残されることなく、未来の人間の幸福、社会の幸福の開拓に貢献していけるものだと考えている。

二〇一三年　十月二十二日

幸福《こうふく》の科学《かがく》グループ創始者兼総裁《そうししゃけんそうさい》

幸福《こうふく》の科学大学創立者《かがくだいがくそうりつしゃ》　大川隆法《おおかわりゅうほう》

「人間幸福学」とは何か　目次

「人間幸福学」とは何か

――人類の幸福を探究する新学問――

二〇一三年九月二十六日　収録
東京都・幸福の科学総合本部にて

あとがき　120

「人間幸福学」とは何か

――人類の幸福を探究する新学問――

二〇一三年九月二十六日　収録

東京都・幸福の科学総合本部にて

1　あらゆる学問を統括《とうかつ》する「人間幸福学」

司会　本日は、「『人間幸福学』とは何か」と題し、大川隆法総裁から、質疑応答形式で、幸福の科学大学に関する法話《ほうわ》を賜《たまわ》ります。質問のある方は挙手願います。

A――　本日は、まことにありがとうございます。

先日、「新しき大学の理念」という法話を賜りましたが（『新しき大学の理念』〈幸福の科学出版刊〉参照）、今回は、「『人間幸福学』とは何か」というテーマですので、最初に、「人間幸福学」について、学問としての定義とは何かをお聞かせいただければと思います。

また、あわせて教えていただきたいことが、いわゆる「宗教における教義」と「学問」との違《ちが》いについてです。

例えば、他の宗教でも同様に、「宗教団体のなかで教えられている教義」と、「その宗教が設立した大学等で教えられている学問」との違いというものがあるのではないでしょうか。

さらに、哲学《てつがく》や宗教学、歴史学等の他の学問と、「人間幸福学」との関係についてもお教えいただければと思います。

よろしくお願いいたします。

「人間幸福学」とは創学の理念でもある

大川隆法　何か質問が三つぐらいあったような感じがします（笑）（会場笑）。盛りだくさんでしたので、この一問だけで終わってしまうかもしれません（笑）。

まず、「人間幸福学」という言葉についての考え方から入らなければならないでしょう。

幸福の科学大学では、創設する三学部のうちの一つとして、「人間幸福学部」を位置付けているのですが、これは、ある意味で、ほかの二つの学部である「経営成功学部」や「未来産業学部」をも包含《ほうがん》している概念《がいねん》だと思います。

例えば、「人間幸福学」の具体化の一つとして、「経営面において、実際にビジネスマン、ビジネスパーソンとして働いている人たちには、それが、どういうかたちで現れてくるのか」というテーマが「経営成功学」になるわけです。

また、「未来産業学部」は、理科系統に足場はありますが、やはり、「未来の人類の社会を、よりベターにしていくためには、どのようなことが可能であるか」ということを、理系的視点、あるいは、科学的視点から考えていこうという立場です。

そのトータルの概念として、一般《いっぱん》的な意味での「人間幸福学」が全学部にかかっているわけで、要するに、これは、創学の理念としても存在しているものなのです。

幸福の科学の教義や活動を学問化する試み

大川隆法　やはり、われわれが、宗教法人・幸福の科学を母体とし、学校法人のなかでも、特に大学を新たに創設するに当たっては、しかるべき目的がなければいけないでしょう。

その目的とは、いったい何であるか。

宗教においては、さまざまな教義が無限に説かれ、いろいろな伝道活動が行われて、救済活動や、あるいは個人としての悟《さと》りの探究がなされています。これを、さらに一般化して、学問として抽出《ちゅうしゅつ》し、反復学習に堪《た》え、いろいろなかたちで応用可能なものにできないかという試みが、「人間幸福学」なのです。

もちろん、こうしたことは、新しい宗教などでは、一般的に難しい問題ではあろうと思いますが、長い歴史を持った伝統的な宗教では十分にありえることでしょう。

例えば、二千年の歴史があるキリスト教であれば、「キリスト教学」が、さまざまなかたちで展開されていますし、歴史的にも、数多くの学者が出ており、現在もキリスト教学者は、いろいろなかたちで分類され、細かく分けられつつ存在しています。

また、イスラム教においても、イスラム教学者は存在していますし、同じく、日本神道《しんとう》についての学者も存在します。

さらに、そうしたものをまとめ、比較《ひかく》分類する意味での、「比較宗教学」という学問も存在しているわけです。

幸福の科学を分析《ぶんせき》できないままの宗教学界

大川隆法　ただ、現時点で、宗教学界の活動、あるいは、仕事を見るかぎり、残念ながら、仏教学やキリスト教学、イスラム教学の観点からも、あるいは、比較宗教学の観点からも、幸福の科学という宗教については分析《ぶんせき》できないでいるように、私には思えます。

つまり、当会の活動の領野が非常に広がっているために、宗教の一部分の分野を勉強した人や、既存《きそん》の宗教の比較をしていた人からすると、宗教の概念から見てかなり離《はな》れた部分まで広がりがあるわけです。それが分析できない理由として大きいのではないでしょうか。

例えば、当会は、政治の問題や、経済、経営についても言及《げんきゅう》しますし、外交や国際問題、軍事問題、さらには、憲法等も含《ふく》めた法律論や、税制の問題についても言及することがあります。

また、未来の科学として、「どのような航空技術や宇宙技術があるか」というような研究について意見を述べることもあります。

あるいは、未知なる世界との遭遇《そうぐう》が、いろいろな文学や映画のテーマになっていますけれども、現実問題として、学問の領域でも、「未知なる文明や生命体が存在するのではないか」という仮定のもとに、さまざまなリサーチが行われていることも多いわけです。そうした領野にも、宗教というジャンルのなかから触手《しょくしゅ》を伸《の》ばして研究に入っているところもあります。

さらに、「未来の食糧《しょくりょう》危機を回避《かいひ》するにはどうするか」、あるいは、「戦争を回避したり、事前に抑止《よくし》したりするにはどうすべきか」という問題を研究するために、戦争学や平和学というものを比較して考えることもあれば、「どのような政体に変えれば、そういうことが起きずに済むか」ということまで考えることもあります。

要するに、一種の「未来学」的な面が入ってもいるのでしょう。

幸福の科学の理論を用いて「ユートピア社会」を築く使命

大川隆法　そういう意味では、あらゆる領域の学問活動、および、人間の諸活動を「人間幸福学」という名前で統括《とうかつ》し、「人間が構成している社会」を基本テーマとしつつ、「人間が構成している社会が、どうすれば、『個人としての幸福』と『全体としての幸福』を増加させていくことができるか」という大きなテーマに対して、大学という研究機関を用いることで末《すえ》永《なが》く研究していこうという考え方なのです。

ここには、現在ただいまの問題も、当然視野に入っていますが、五年後、十年後、二十年後、あるいは、百年後に起きることであっても、このテーマであれば、新たな問題として探究していくことができると思います。

例えば、百年後に、私たちの子孫が遭遇するであろう問題は、今、私たちが遭遇している問題とは違うものかもしれません。現在であれば、原発問題等に遭遇しているわけですが、百年後の社会では、原発問題ではなく、別な問題について、危機の回避や解決等の問題が出ていると思われます。

そのように、現在の私たちの頭にはテーマとして、ないものであっても、また、未知なるものや、まだ接近してきていないものであっても、その立場に立った場合には、必ず、その問題解決を図《はか》り、人類の社会を幸福に導くための方法を構築できるかどうか。そうしたことに対して、文系・理系を問わず、総合的に取り組んでいこうという学問であり、大学です。

言葉を換《か》えれば、やや宗教的な言い回しになるものの、「幸福の科学の理論を用いて、この世を現実的に「ユートピア社会」へと変えるための具体的な智慧《ちえ》や方策はあるのか」ということを、日々の研究のなかで積み重ねていき、その結実たる成果を発表し、世の中に影響《えいきょう》を与《あた》えていくことが使命であると考えています。

したがって、学問領域としては非常に統合的でもあり、多様でもありますが、それを、これから必要なものであると認定して、あえて発信しているわけです。

2　ソクラテス的立場に立つ「人間幸福学」

対話を通じて「真理とは何か」を探究したソクラテス

大川隆法　また、哲学《てつがく》や科学との関連等についても訊《き》かれましたが、「哲学」という言葉は、すでに二千五百年も前から存在はしていますし、哲学の定義は、プラトンを通じて語られているソクラテスの言葉によれば、「知を愛する」ということです。愛知者《あいちしゃ》のための学問が「哲学」なのです。

つまり、あくまでも「知の本質」を探《さぐ》っていくことが哲学の本質であって、それを「真理」と言い換《か》えてもよいのですが、ソクラテス自身は、飽《あ》くなき探究の心をもって真理を探究し、対話をもって「真理とは何か」を明らかにしようとする試みに取り組んだわけです。

対話を通じて、「真理とは何か」「善とは何か」「正義とは何か」ということを明らかにしようとし、対話編を中心にして、哲学を構築していったのです。

ただ、そのソクラテスの試みも、二千五百年ほど時間軸《じく》をずらしてみれば、ある意味で、今、私たちが試みようとしている「人間幸福学」的な、未知なるものの探究であったのではないでしょうか。

ソクラテスのつかんだ「無知の知」

大川隆法　従来の宗教であれば、「神から降りてきた言葉を信じなさい」というかたちで広げていく布教《ふきょう》形態を取ることが多かったと思いますし、当時のギリシャでも、「デルフォイの神託《しんたく》」等、「神殿《しんでん》に神託が降りてきて、それを受ける」というかたちのものがあったかもしれません。

しかし、ソクラテスは、単にそうしたものに頼《たよ》るだけではなく、この世的には、「知恵《ちえ》がある」と言われていたり、あるいは、高名《こうめい》であったりするさまざまな方々を訪《たず》ね、実践《じっせん》活動のなかにおいて真実を知ろうとしたわけです。

要するに、「いちばんの智者《ちしゃ》はソクラテスである」という「デルフォイの神託」が降りたにもかかわらず、ソクラテス本人は、「それには納得《なっとく》がいかない。私がいちばんの智者のはずはない」と考えたのでしょう。

確かに、世の中には、有名な方や高名な方が大勢います。現代においても、いろいろなご高説を述べる学者や言論人がいるように、知識のある人は数多くいるわけです。

デルフォイの神託所跡《しんたくしょあと》

ソクラテス
(紀元前469～同399)

そうしたなかで、「たとえ、『デルフォイの神託』であったとしても、そんなはずはないだろう」と考え、名のある方に、いちいち対談を申し込《こ》んでいき、対話することによって、「それが事実であるか。真実であるか」を確かめていこうとしました。

その結果、彼が発見したことは、「自分は、神託にあるような『世界一の智者』、あるいは、『アテネ一の智者』とは思えない。ただ、ほかの人たちは、実は大した認識がなかったり、真理をつかんでいなかったり、『正義とは何か』『善とは何か』『美とは何か』というような問いに対して十分に答えることができなかったりするにもかかわらず、すでに、そういうものを体得した人間であるかのごとく信じ込み、傲慢《ごうまん》に振《ふ》る舞《ま》っていることが多かった。しかし、自分だけは、少なくとも、『無知の知』ということを知っている」ということでした。

彼は、「無知の知」、要するに、「『自分は、知らないということを知っている』というところが、ある意味での『知』なのだ。それが、『新しい知』であるのだ」ということを発見し、「自分は、『無知の知』を知っているがゆえに、『ナンバーワンの智者だ』と告げられたのだ」と、逆説的に捉《とら》えたわけです。このへんが、「諸学問の祖」としての哲学の始まりでありましょう。

もちろん、必ずしもソクラテスと同じようにする必要はないと思います。ただ、現代的に、「人間幸福学」という新たなテーマを提示したわけですから、この提示されたテーマから見て、「あらゆる学問や、この世の活動について再整理し、再構築し、もう一回、考え直してみる必要があるのではないか」ということなのです。

無前提に「よい」とされているものを再検証する

大川隆法　例えば、「民主主義」というものがありますが、これは、無前提によいものであるかのように、現代社会では言われています。

しかし、民主主義が、「人間幸福学」的に見て、有効に機能する制度であるのかどうかには、やはり、検討の余地があるでしょう。

また、「言論の自由」「表現の自由」「出版の自由」等についても、「民主主義を支えるために、非常に大事なものである」という言い方がされます。もちろん、そういう面もあるとは思いますが、はたして、それを無前提に受け入れてよいものかどうかについては疑問があります。やはり、マスコミからのさまざまなニュースや記事等も、その内容の質によっては毒水《どくみず》に変わって、世の中を汚染《おせん》しているものもあり、必ずしも民主社会を前進するとは言えないものもあるはずだからです。

それでは、何が、民主主義社会をより健全にし、前進させるものとなり、何がそうならないのでしょうか。これも、やはり、「人間幸福学」という観点から、「表現の自由」「言論の自由」「出版の自由」、あるいは、「学問の自由」も含《ふく》めて、もう一度、検証してみる必要があるのではないかと思います。

3 「科学」をコントロールする理念の必要性

さまざまな倫理《りんり》的問題に直面している「科学」

大川隆法　それから、「科学」というものも、ここ二百年余りで、別種の信仰《しんこう》を集めているでしょう。

かつては宗教が信仰を集めていましたが、啓蒙《けいもう》時代が始まって以来、また、カントあたりからあとは、「科学」という言葉が、だんだんに力を持ってくるようになりました。

例えば、一八〇〇年代後半にT・H・ハクスリー（一八二五～一八九五。イギリスの生物学者）が書いた本には、その当時の科学は、現代における新興宗教の扱《あつか》いに近く、教会の力が圧倒《あっとう》的に強かったため、科学者は非常に弱い立場に立っていたことが、縷々《るる》述べられています。

ところが、その後、百年もたたないうちに、「科学こそ万能《ばんのう》であり、『科学』と言えば無前提に正しいけれども、『宗教』はいかがわしい」という、引っ繰《く》り返った立場になっているわけです。

しかし、現実には、科学の抱《かか》える問題は大きいでしょう。今、科学は、さまざまな倫理《りんり》的問題に直面していると思います。

もし、科学において道徳律が説かれないでいる現状があり、何が善で何が悪かを、まったく判断しないままで、「科学者は、予算と目的があれば、何でもやってよい」という状況《じょうきょう》であるならば、やはり「科学」をコントロールする理念が必要になってくるのではないでしょうか。

「倫理《りんり》の問題」を解決するには「神の心の探究」が必要

大川隆法　この法話《ほうわ》をしている時点（二〇一三年）では、「シリアの化学兵器」等が問題になったり、あるいは、「イランの核《かく》開発が平和利用なのか、核兵器をつくるためなのか」が問題になったりしています。ただ、科学者の場合、単に国家からの命令があり、予算があれば、サリンを使ったミサイルも開発するでしょうし、原子力の核ミサイルとしての利用法も、当然研究するでしょう。

しかし、これをめぐっての善悪の議論には、実は非常に難しい問題があると思われるのです。

例えば、国連が絡《から》むこともありますけれども、なぜ、国連の常任理事国は核武装をしてもよく、ほかの国はいけないのでしょうか。何ゆえに、そう言えるのでしょうか。

もちろん、国連が、先の大戦における戦勝国であり、「戦勝国体制を続けたい」ということから、新しい〝幕藩《ばくはん》体制〟のようなものができたわけで、「それを維持《いじ》することが正しいのだ」という考えもあるかもしれません。

ところが、常任理事国のなかにも、実は〝冷戦構造〟があるのです。ロシアや中国と、英・米・仏とでは、やはり考え方が違《ちが》っていて、この対立構造が、シリアへの対応において、見事に冷戦の復活のような問題を起こしています。したがって、国連が十分に機能しているとは言えないでしょう。

また、「善悪の問題」「倫理《りんり》の問題」が、科学の領域にまで及《およ》んだとして、もし、その化学兵器、すなわち、サリンを用いたミサイルがシリア国内で使われたときに、どういう場合に倫理違反《いはん》になって、どういう場合にならないのか。それについては、現実上、哲学《てつがく》が成り立っているわけではありません。やはり、大国の首脳がどう判断するかにかかっていることが多いわけです。

自国民に対して、その国の代表者が化学兵器を使うことは、正義に反することであるのか。それとも、体制を維持することが正義であり、反乱軍を治めるためであれば、通常兵器を使おうと化学兵器を使おうと別に構わないのか。あるいは、「イスラエルは核兵器を持っても構わないが、イランは核兵器を持ってはならない」という理由は、いったいどこにあるのか。

やはり、これは哲学の問題であろうし、さらに言えば、本当ならば宗教の問題であり、「神の心はどこにあるか」というところまで探究しなければばいけない問題であると思うのです。

「人間の幸福」という観点から諸学問・諸思想をまとめ直す

大川隆法　また、神の心を探究するに当たっても、宗教間の意見が割れている場合には、そのなかから、どのような考え方を選ぶべきであるのか。これは、「人間幸福学」の立場から選んでいかねばならない問題だと思います。

例えば、宗教が複数化しており、それらが現存勢力として争いを起こしているのであれば、「今後、どういう道を選ぶのがよいのか」について、

「人間幸福学」という観点から、物事を合理的に考えていく機能が必要なのではないでしょうか。やはり、「このようにした場合に未来社会はどうなっていくのか」という観点から検討していく必要があるのではないかと思います。

そういう意味で、これは、確立した学問領域とは言えないかもしれません。しかし、今、新しいステージに立ち、「人間幸福学」という観点から、もう一度、諸学問を見直してみることは、かつての哲学の立場でもあり、また、諸宗教が学問化された場合の結論でもあり、さらには、近代において宗教の枠《わく》から外れていった科学をも取り込《こ》んで、もう一段の価値判断を構築する作業であると言えるでしょう。

私たちの基本的な考えとして、人間とは、「この世に生まれてきたからには、この世で生きていく間に自分の人生を光り輝《かがや》かせていく」だけでなく、「共に住む他の人々や同胞《どうほう》たちと、あるいは、国を超《こ》えて、他の国との関係においても、幸福な社会をつくっていく」という使命を負っている存在だと捉《とら》えています。そのために、知識ベースとして役立つものを、できるだけ学問のかたちで確立し、それを提供できるようになっていきたいと考えているのです。

その対象は、今後とも、まだまだ広がっていく余地はあるでしょうし、出発点においては、極《きわ》めて形而上学《けいじじょうがく》的なのかもしれません。しかし、かつての哲学や宗教、その他の諸思想がそれぞれに求めていたものを、現代の時点において、いったん再整理し、「人間の幸福」という観点からまとめ直してみようという試みであるわけです。

4　「宗教の教義」と「学問」との違《ちが》いは何か

宗教において「教義」とは守るべきもの

大川隆法　それから、「教義」と「学問」の違《ちが》いについてですが、宗教のなかにおいては、濃淡《のうたん》があるにしても、やはり、「教義」は絶対です。ただ、「そのまま守れ」というかたちのものもあれば、一定の幅《はば》があるものもあるわけで、それは宗教の質によって違いがあるでしょう。

例えば、イスラム教には、「今から千四百年前にアッラーの神が伝えたという言葉がもとになって教義ができており、その後、アッラーの言葉を聴《き》けた人がいないために、それを変えることができない」という問題があります。そのせいで、「原理主義」という、最初の教えをそのまま厳格に守ろうとする者が、一部、過激化するケースが増えているわけですが、実際には、「現代社会との不適応」という問題が起きているのではないでしょうか。

ちなみに、仏教にも戒律《かいりつ》はありますが、必ずしも、「全部の戒律を守らなければ駄目《だめ》だ」というような厳格なものではありませんでした。

出家者《しゅっけしゃ》については戒律が数多くありましたけれども、たいてい違反《いはん》の程度に応じて注意が行われたり、一定の反省が命じられたりするだけであり、「教団追放」という刑《けい》が最高刑だったのです。

また、在家《ざいけ》の信者に関しては、「殺生《せっしょう》をするなかれ、盗《ぬす》むなかれ……」から始まる五戒《ごかい》がありますが、これも、「五戒のすべてを守らなければ、仏教信者ではない」というように釈迦《しゃか》が押《お》しつけたわけではありません。

「このなかのどれでもよいから、自分が守れると思うものを、まず守っていきなさい。五つとも守れる人は、そうしてもよいが、すべてを守れない人は、一つだけでも構わないから、このなかで大事だと思うものを守りなさい」という言い方をしています。

このように、宗教によって、寛容度《かんようど》に多少の差があるのです。

モーセの行動に見る教義の厳格さ

大川隆法　あるいは、「モーセの十戒《じっかい》」というものがありますが、これは、西洋の法律の根源になっているものでもありましょう。「殺すなかれ」に始まり、「姦淫《かんいん》するなかれ」「盗むなかれ」「偽証《ぎしょう》するなかれ」等、いろいろ書いてありますように、法律のもとのようなものです。ただ、原型ではあるものの、現代法から見れば、あまりにも数が少ないことは問題かもしれません。

しかし、「殺すなかれ」を説いているにもかかわらず、実際にはモーセ自身が、出《しゅつ》エジプトの前に、少なくとも二人のエジプト人を殺していることは明らかです。

また、モーセがシナイ山《さん》に登って、神から十戒を授《さず》かるまで山に籠《こ》もっている間に、麓《ふもと》にて留守番《るすばん》をしていた人たちは、金を溶《と》かして子牛の像をつくり、それを拝《おが》んでいたのですが、モーセは、「『偶像《ぐうぞう》を崇拝《すうはい》するなかれ』の教えに反することをやっていた」ということで、これを打ち壊《こわ》しました。そのとき、『旧約聖書』の記述によれば、「三千人にわたる仲間を殺した」ということになっていますが、これは大変なことです。

わずか、成人男性六十万人で出エジプトをしたモーセの一群でしたが、「金の子牛の像をつくって拝んでいた」というだけで怒《いか》り狂《くる》い、三千人も

金の子牛の像をつくって拝む人々

戒《いまし》めを守らなかったことに怒《いか》るモーセ

殺したわけです。

これを見るかぎり、そうとうなものではあるでしょう。六十万人ぐらいの人のなかで、「偶像をつくって拝んだ」という罪だけによって、三千人ぐらいを殺してしまうことには、一瞬《いっしゅん》、ヒトラーを思わせるものがないわけではありません。

やはり、教義の厳格さというものは、それぞれの宗教において、かなり違うのではないでしょうか。釈迦であれば、数千人の仲間を殺すことは、まずなかったと思われますし、イエスであっても、たぶん同じだろうと思います。

インド人がキリスト教に改宗しなかった理由

大川隆法　また、教義等の問題に関して言えば、当会の宗教英会話（『エル・カンターレ英会話入門――上級チャレンジ編――』〔宗教法人幸福の科学刊〕）のなかにも、次のようなマハトマ・ガンジーの言葉が紹介《しょうかい》されています。

「もし、イギリス人が、しっかりとキリストの教えを守っているのであれば、われわれインド人は、みな、キリスト教

『エル・カンターレ英会話入門 上級チャレンジ編』（宗教法人幸福の科学刊）

に改宗しただろう。キリストの教えを、全然守っていないから、われわれは改宗することができないのだ」

つまり、キリストの説いた、「人を殺したりしてはいけない」「右の頬《ほお》を打たれたら左の頬を差し出せ」「下着を取られたら上着も与《あた》えよ」という教えを信じているような人たちがインドを治めてくれているのなら、インド人は、みな、喜んでキリスト教に改宗したのでしょう。しかし、誰《だれ》もそうしなかった、もしくは、ほとんどの人がそうしなかった理由は、彼らのしている行為《こうい》が、とてもではないが、キリストの教えに合っているものではなく、むしろ、残酷《ざんこく》この上ないものだったからです。

実際に、イギリスの統治に反する者を集めて皆殺《みなごろ》しにするようなことを平気でしていましたから、そういうことでは当然信じることはできないのではないでしょうか。

ガンジーは、「非暴力」を中心とした抵抗《ていこう》運動を起こし、海に向かっての行進（塩の行進）なども行い、「非暴力」でもって独立を勝ち取ったのですが、まさしく、こちらのほうがキリスト的な動きだろうと思います。

マハトマ・ガンジー
（1869～1948）

「塩の行進」。イギリス植民地政府による塩の専売に反対し、製塩のために行った抗議《こうぎ》運動

やはり、宗教と言っても、それが生まれた当時と比べ、教義を継承《けいしょう》していく過程における、いろいろな人間の解釈《かいしゃく》や、その厳格度に合わせて、現実社会に現れてくる態度は違っているのです。

宗教と学問の本質的違《ちが》いとは

大川隆法　「宗教と学問とは、どう違《ちが》うか」と問う人もいますが、宗教とは、一般《いっぱん》に、人間の生と死を貫《つらぬ》いて考えられるものです。つまり、この世ではつじつまの合わない行為や、論理的ではない行為、あるいは、原因・結果の法則においてつじつまが合っていない部分も、死後の世界を説くことにより、あの世の世界まで延長して考えればつじつまが合うというかたちで考えることが多いわけです。

例えば、イエスが、この世でよいことをしたにもかかわらず、十字架《じゅうじか》に架かるのは、いかにも理不尽《りふじん》なことではありません。しかし、あの世の世界までつなげて考えた場合、どうなるでしょうか。

「十字架に架かって犠牲《ぎせい》になることによって、つまり、多くの人たちの罪を背負い、それを贖《あがな》うために、罪なき人が死ぬことによって、多くの人たちにその罪を悔《く》い改める機会を与えたのだ。そして、大いなる使命を完成

イエス・キリスト
（紀元前4～紀元29）

されたのだ」ということであれば、あの世まで貫くことで、宗教としては、その起承転結《きしょうてんけつ》というか、原因・結果の法則を貫けることになるわけです。

ただ、学問だけであれば、そこまでは言えないところがあります。学問はあくまでも、この世の世界において現れたる事象のなかから、ある程度、原因・結果の法則や、功罪、あるいは、幸福・不幸の原理等を見極《みきわ》めていく必要があるでしょう。

これは、決して、「死後の世界を、科学的に、あるいは、学問的に探究しよう」という試みを排除《はいじょ》する考えではありませんが、あくまでも学問として立てようとする以上、この世的な部分での原因・結果の法則をも十分に念頭に置いたアプローチでなければならないと思います。

例えば、死後の世界について、宗教の側からは、いろいろな霊界《れいかい》のリサーチがなされていますけれども、「それを、どのように、この世の世界の生き方、人間としての生き方に反映できるのか」という観点を入れ、それを抽出《ちゅうしゅつ》し、教訓として取り出すことができるならば、「学問としての機能」を十分に果たしつつ、「宗教としての機能」とは違う面を出すことができるのではないでしょうか。

5 価値判断の基準を提供する「人間幸福学」

「宗教学」「仏教学」が抱《かか》える問題点

大川隆法　ただ、私が申し上げたいことは、既存《きそん》の大学の宗教学科や仏教学科などの宗教を研究するところにおいて、「ここは研究するところであって、信じるところではない」という理由から、現実に宗教学等を勉強した人に信仰心《しんこうしん》がなくなっていく傾向《けいこう》が出ていることです。これについて非常に深く憂《うれ》えています。

つまり、宗教学科、あるいは仏教学科を卒業した人が、霊魂《れいこん》や死後の世界を否定し、唯物論者《ゆいぶつろんじゃ》と化しているケースがかなり見受けられるのです。

しかし、「信仰を否定することが学問である」と捉《とら》えているならば、要するに、「信仰がなくなっていくかたちでの学問」ということであるならば、これは信仰の破壊《はかい》のために宗教を研究していることになりかねません。

そのように、信仰とか、奇跡《きせき》とかいうものを、まったく相手にせず、それらを全部取り去った上で、「生身《なまみ》の人間としての行動だけを見る」というレベルになれば、やはり道徳のレベル以上のものには絶対にならないでしょう。

また、現実の宗教学そのものは、「宗教についての善悪は問わない」という立場で研究をし、リサーチをしているようですが、その結果、オウム真理教をはじめ、幾《いく》つかの宗教が社会悪を犯《おか》したときに、歯止めになりませんでした。そのために、学問として役に立たなかったことをマスコミから責められているわけです。

やはり、宗教を研究する立場として、まったく思考が働かない状況《じょうきょう》になることは問題であると思います。ある程度、「人間幸福学」的観点から見て、結果的に人間を幸福にしていく方向に向いているか否《いな》か、社会を幸福にしていく方向に向いているか否かを研究していく必要はあるでしょう。

「人間幸福学」として学問的に宗教を分析《ぶんせき》する

大川隆法　また、現実には、いろいろな宗教が、信教の自由の下《もと》に認められてはいますけれども、日本で認められている十八万の宗教団体のなかには、残念ながら形骸化《けいがいか》して、かたちだけになっているものもあれば、内容のあるものもあります。さらに、内容においても、人間を立派にしていく効果があるものもあれば、堕落《だらく》させていくものもあるわけです。

本来、そういうところの基準を示せるぐらいのものでなければ、今、学問として必要とはされていないのではないでしょうか。

　したがって、「信仰者として、教義をそのまま受け取って厳格に実践《じっせん》する。すなわち、原理主義的に実践する」というところまで、学問として要求する必要はないとは思いますが、「人間幸福学」という立場から見て、宗教を学問的に分析《ぶんせき》していく必要はあるでしょう。また、それによって、例えば、マスコミ評論や警察、裁判所等が動く場合もありましょうが、そうしたときの一定の判断資料として、学問的な裏付けが与《あた》えられるようなものでなければいけないと思うのです。

　これまで、幾つかの新宗教の問題点が挙げられて、警察の犯罪捜査《そうさ》の対象になり、現実に犯罪として立件されたものも数多くありますけれども、「宗教学」というものがありながら、何ら、そうしたものに対する〝予防医学〟的な効果を発揮しなかったことに対しては、「一定の反省が求められるのではないか」と私は思っています。

やはり、「人間幸福学」のなかには、「人間を幸福にするか否か」という観点からの価値判断を含《ふく》まなければいけないのではないでしょうか。

人間幸福学的基準で、二つの邪教《じゃきょう》を判定する

大川隆法　例えば、こういう観点から、オウム真理教を見たならば、その宗教が、原始仏教に似た外見を取ったり、あるいは、チベット密教《みっきょう》に似た外見を取ったりしていたとしても、教えていること、言っていること、行

っていることは、どうだったでしょう。現実には、「人をさらって金銭《きんせん》を奪《うば》い、食料代が惜《お》しいために、その人を焼いて灰にしてしまう」というようなことをしているならば、人間幸福学的基準から、その宗教を判断した場合、「この宗教は社会に広がってはならない」という結論が、当然、出てくるわけです。

また、ほかにも、「足裏診断《しんだん》」などということをしていた「法《ほう》の華三法《はなさんぽう》行《ぎょう》」という宗教がありました。

もちろん、「手相があるのなら足の相があっても構わない」という考えは成り立つのかもしれませんし、教祖がそういう啓示《けいじ》を受けて、確信的に「こういう足の相がよい。どうしても広めたい」という気持ちを持っているのなら、それも一つの考え方ではありましょう。顔相《がんそう》があり、手相がある以上、足の相があっても構わないとは思います。

しかし、そのことをフリーのライターに書かせ、そのライターが自分の足の裏の相をそのまま写し、「これがいちばんの吉相《きっそう》である」と書いて出版したのですが、それを教祖が使い、「これが、『足裏診断』だ」と言って、やっていたわけです。

さらに、そのフリーのライターが、その教団に行って、自分の足の裏を見てもらったところ、教団の幹部たちが、「これはすごい相ですね。最高の相が出ています」というようなことを言ったので、書いた本人は、それを笑って告発したようなことがありました。いずれにしても、詐欺罪《さぎざい》として立件されてはいます。

やはり、こういうことも、人間の幸福学には反することであり、刑法《けいほう》的な詐欺に当たる部分まで入っているのなら、対象外とすべきでしょう。

そういう意味での、一定の勇気を持った価値判断を入れなければ、宗教学、ないし、比較《ひかく》宗教学も、今後は存続が厳しいものになるのではないかと思います。

6　現代のあらゆる学問を再検討する

「社会学的に異常性があるかどうか」という観点の必要性

大川隆法　さらに大きな問題として、「キリスト教文明　対　イスラム教文明」があります。これについて、「未来の社会がどうあるべきか」を考えるには、膨大《ぼうだい》な研究が必要なのではないかと思います。

やはり、「二千年の歴史を持っている宗教と、千四百年の歴史を持っている宗教の過去を比較《ひかく》しながら、今、紛争《ふんそう》が起きている事態についてどう考えるべきか」ということは、十分に学問の対象となりうるものでしょう。「宗教人であれば、宗教の教義を丸ごと受け入れなくてはならないため、学問的には研究できない」というようなことはないと私は思います。

この世的な法律や政治、あるいは、科学的な観点等を入れ、いろいろな角度から再検討されるべきではないでしょうか。

オウム真理教においては、教祖が入ったお風呂《ふろ》の水を「奇跡《きせき》の水」と称《しょう》して、高額で売っていたようですが、やはり科学的に見て、十分な根拠《こんきょ》があるとは思えません。

それから、「宇宙」が絡《から》んでの法としては、宇宙人の存在を認める宗教もありますし、認めない宗教もありますが、「宇宙人が入れば全部間違《まちが》いで、入らなければ正しい」とは言い切れないところがあります。やはり、その宇宙人研究について、「社会学的に見て異常性があるかどうか」という観点は加えるべきでしょう。

私は、ＵＦＯがあっても、宇宙人がいても構わないと思いますし、人類の先祖のなかに、宇宙からの子孫がいてもよいと思います。ただ、「ヘヴンズ・ゲート」というＵＦＯを信仰《しんこう》する団体のように、「『彗星《すいせい》と共にやってくるＵＦＯに魂《たましい》を乗せるため』と言って、みなで集団自殺を図《はか》り、死んでしまった」というようなことがあると、宗教としては、社会学的に見て逸脱《いつだつ》があるのではないかと思われるのです。

例えば、ＵＦＯを呼ぶ儀式《ぎしき》を行っても構わないと思いますが、それで来る場合も来ない場合もあるでしょう。ただ、集団自殺をすることには、やはり考え方として、この世的に見て逸脱《いつだつ》したものがあると判断されるのではないでしょうか。

「人間を幸福にするかどうか」の検証基準を提供する

大川隆法　今、日本社会のなかには、宗教や霊《れい》の世界、神の世界、あるいは、宇宙の世界等、未知なる領域について、「とにかく触《さわ》らないことがよいのだ」というかたちで逃《に》げている部分があると思います。しかし、「危険なものであるのかどうか」「人間社会をよくしていくものであるか、そうでないのか」ということの基準を、むしろ積極的に提示していくことは大事でしょう。

もちろん、「学問の自由」の範囲《はんい》内に入りますので、それを信じるか信じないかは、読む人、あるいは、採用する人の側の選択《せんたく》だと思います。また、現実に学問として成り立ったもののなかにも、結果的に、「間違っていたのではないか」と思われるものも数多くあります。

例えば、私の学生時代あたりであれば、経済学に「近代経済学」と「マルクス経済学」がありましたけれども、当時でさえ、マルクス経済学を教えていた国は、日本とソ連しかありませんでした。もはや、それ以外の国では、ほとんど学ぶことができなくなっていたのです。その大部分は、現在では、すでに信じられていないものですが、そういうものが教えられていることもあるわけです。

また、「統計的手法」にしても、統計学が最強の学問であるかのように、現在では非常に有効利用されていますが、「どこまでが本当で、どこからが信じ切ることができない範囲なのか」ということについては、まだ厳密性が足りないように思えます。

つまり、ある結果を出すに当たってのサンプルとして、どこまでであれば本当に有効かが分からない面があると思うのです。

例えば、選挙報道に関しても、各紙がいろいろな調査をし、それを発表していますが、それが新聞の一面の見出しに躍《おど》ることによって、結果的に、そうとう誘導《ゆうどう》されているものがあるはずです。

たぶん、各社の主張があって、それに都合《つごう》のよいデータは発表し、都合の悪いものは発表していないのではないでしょうか。そう思われるところは、かなりあります。

また、たとえ有効回答を得たとしても、「回答しなかった人たちの本当の考えはどうだったか」ということが、実は分かりません。回答しなかった人も投票することはありえますし、「アンケートの取り方」から「誘導の仕方」、それから、「社の方針」等のバイアスがかかっている可能性だって、そうとうあるのです。

やはり、このへんについては、無意味に、「学問だから大丈夫《だいじょうぶ》だ」と信じるのではなく、かなりの検証が必要だと思います。

人間幸福学は、「社会の生態」を分析《ぶんせき》する武器にもなる

大川隆法　ジャーナリズムの背景には、学問的なものがあることは事実ですし、いちおう、「学問があるからジャーナリズムが成り立っている」というようには見えます。ただ、その学問についても、単に、垂直に物事をもらっているのではなくて、その学問から自分たちに都合のよい部分を取り出して使っている面がそうとうあるのではないでしょうか。

そういう意味では、人間幸福学は、「社会生態学」としても、この社会の生態を、いろいろな角度から分析《ぶんせき》していく武器になっていくのではないかと思っています。

いずれにせよ、人間幸福学の下《もと》に、現代のあらゆる学問が再検討されるべきであると考えますし、その立場は、決して恥《は》じるべきものではなく、「ソクラテス的立場そのものである」と言うべきです。むしろ、「『学問の始まり』に戻《もど》ったのである」と言えるのではないでしょうか。

以上、大まかに話をしましたが、他の質問によって、より具体的になるものもあるかと思います。

7 「心理学」は未発達な学問

B――　先ほどのお話と重なる部分もあるかもしれませんが、改めて、「なぜ今、人間幸福学が必要なのか」ということについて質問させていただきます。

先般《せんぱん》の法話《ほうわ》でも、「宗教は教養の一部である」とお教えいただきました（前掲《ぜんけい》『新しき大学の理念』参照）。

ある意味で、この人間幸福学というものが、これからの新しい教養になっていくのではないか。教養革命を起こしていくようなものになっていくのではないかと感じています。

欧米《おうべい》でも、「幸福論」の一つとして、「ポジティブ心理学」などが注目されていると聞いておりますが、いかんせん、内容には、まだまだ底が浅いものがあると感じています。

そこで、幸福の科学大学として、「新しい教養としての人間幸福学」を確立し、示していく現代的意義や、その必要性について、お教えいただければ幸いです。

宗教の代わりに広まった心理学の真相

大川隆法　宗教の分野が、学問的には、十分に、あるいは、正当に入り込《こ》めていないため、二十世紀以降は、主として心理学が、それに代替《だいたい》するものとして広まっているところがあります。

「心理学」と称《しょう》すると科学の一部のようにも見えますし、また、医学にも取り入れられて、いろいろな精神分析《ぶんせき》等がなされていますが、私たちの立場から見ると、心理学なるものも、まだまだ未発達の学問であるかのように感じられます。本当の核心《かくしん》まではまだ行《い》っておらず、入り口の部分について、いろいろな仮説を立てているレベルなのではないでしょうか。

要するに、「夢判断」だとか、あるいは、「潜在意識《せんざいい》」だとか、「共通意識（集合的無意識）」だとか、「共時性《きょうじせい》」だとか、さまざまな用語を駆使《くし》しながら、科学的であるかのように見せつつ、いろいろなものについて説いているわけです。

例えば、ユング心理学の研究をしていた河合隼雄《かわいはやお》博士の書いたものなどを読むと、宗教家と分類されることが多い私よりも、彼のほうがはるかに迷信家《めいしんか》だと思いますし、あまりにもバカバカしくて聞いていられないようなことを、「共時性」と称しています。それは、昔の言葉で言うと、「何か不思議な因縁《いんねん》があって、こういうことが起きた」といったことです。そのようなこともあるのですが、宗教家が見ても、「あまりに迷信くさくて信じられない」というレベルのものです。

例えば、「ある知り合いが死んだときに、タクシーに乗ったら、タクシーのドアがうまく閉《し》まらなかった。これは、共時性であり、知り合いの死を暗示していたのだ」など、そのような感じなのですが、もう、バカバカしくて聞いていられません。

このように、ほとんど迷信のレベルまで行《い》っているものが学問を名乗り、堂々とまかり通っているわけです。

あるいは、フロイト心理学等も、大人になってから生じるいろいろな問題、つまり、心の葛藤《かっとう》や人間関係のもつれ等を、幼児期の抑圧《よくあつ》体験や、幼児性欲の問題に持っていったり、男性器・女性器の話に持っていったりして、説明します。しかし、このようなものは、やはり学問として非常に未熟だとしか言いようがありません。大人になってから、考え方を変えることによって、人間関係を変えることなど、いくらでもできます。こういう、「自分が忘れている過去の部分を持ち出してきて、解決したかのように見せる」というのは、詐欺《さぎ》とまでは言わないにしても、未発達の学問なのではないかという感じがします。

学問として生き延びた「ユングの心理学」

大川隆法　また、ユングについては、別途《べっと》、検証が必要だとは思っていますが、ユングの体験そのものは、本来、宗教的体験のはずです（注。その後、十月十三日に、「『ユング心理学』を宗教分析する」を収録した）。そのような宗教的体験をすれば、普通《ふつう》は、必ず新しい宗教ができるものなのですが、キリスト教圏《けん》においては、いわゆる、新宗教が簡単に成り立たないという土壌《どじょう》があります。

カール・グスタフ・ユング
(1875～1961)

要するに、キリスト教においては、『聖書』の解釈《かいしゃく》の違《ちが》いや、運営の違いに基《もと》づくキリスト教の一派はありえても、いわゆる、日本にあるような新宗教というものは弾圧《だんあつ》を受けることになっているので、そう簡単につくれないからです。

本当は、新宗教になるべきものが、心理学の姿を取ったのであり、そのあたりについては、「本人（ユング）も自覚していながら、学問の皮をかぶって生き延びているのではないか」と想像されます。

つまり、「本当は、霊的《れいてき》な現象を知っており、いろいろなものを解説できるのに、そうしないでいるのではないか」と思えるものが多々あります。

例えば、宗教においては、当然、体外離脱《りだつ》、あるいは、幽体《ゆうたい》離脱と考えられるような現象（もちろん、これは、医学的にもある程度研究されているることでもありますが）、つまり、地球の成層圏の外まで出て地球を見るような体験を、ユングはしているわけです。宗教家であれば、これは「宇《う》宙即我《ちゅうそくわれ》」の体験にかなり近いとされる、「地球を見下ろすような体験」をしているにもかかわらず、宗教にはならず、学問になったのです。

さらに、「人類には、共通に潜在的な無意識があって（集合的無意識）、そのなかには、『元型《げんけい》（アーキタイプ）』というものがあり、古代からあるその元型が、いろいろな考え方をつくっているのだ」という考えもありますす。これは仮説ではありましょうけれども、霊界《れいかい》というものを認めずに、人類の無意識界にある元型のようなもので、いろいろなものを説明しようとしたりしているのでしょう。しかし、もっと正直に言えば、宗教的に説明ができたものはあるのではないかと思われます。

ただ、いろいろなものを、「象徴《しょうちょう》」などで説明したり、あるいは、宗教的には、「虫の知らせ」や「予知」と言われるようなものも、「共時性」という言葉で片づけてしまうようなこともあります。

このあたりについては、学問のかたちを取ってはいるものの、もう一段、メスを入れていく必要があるのではないでしょうか。

実際に、人間は、悩《なや》みや葛藤、苦しみ、あるいは、劣等感《れっとうかん》のなかにあるわけですが、それを解決していく方法は、現実にあるのではないかと思います。

これは、宗教の側においても、多様な〝臨床例《りんしょうれい》〟がありますので、そのなかから抽出《ちゅうしゅつ》していくならば、きちんとした考え方を提示できるでしょう。

心理学者が「成功者の心理」を分析《ぶんせき》できない理由

大川隆法　当然、アメリカなどで流行《はや》っている「ポジティブ心理学」のような考え方はありますが、通常、心理学などは、だいたい、病人と言いますか、ある意味で、心が病《や》んだ人、精神の壊《こわ》れた人ばかりを研究しているため、どうしても、それをもとにして、すべてを考えるようになります。

例えば、罪人《ざいにん》ばかりを研究していると、「人間とは犯罪を犯《おか》すものだ」

と考えるような犯罪学ができるかもしれません。しかし、健全な人たちは、犯罪など犯さない生活をしているわけです。つまり、健全な人たちのための心理学が、まだ十分ではないのです。

もちろん、アドラー（一八七〇～一九三七。オーストリアの精神医学者）やマズロー（一九〇八～一九七〇。アメリカの心理学者）などは、「成功したような人の心理も研究したほうがよいのではないか」と言っていますが、一般の心理学者たちに言わせれば、「この世の成功者と言われる一流の人たちは、心理学者の分析《ぶんせき》の手に負えない」という結論でしょう。要するに、「数万人規模の会社の社長になった」というような人の相手をして、その精神を分析するということはできないわけです。

はっきり言えば、「この世的に相手が偉《えら》いために、何も、もの申すことができない。しかし、病人であれば言える」というかたちで、結局、そうした、病人と判定されるような人から集めて抽出したデータに基づく学説が出回っているわけですが、この世には、正常に、普通に生きている方もいれば、大きな成功を収めた方もいるのです。

ただ、大きな成功を収めた方については、分析学者、あるいは、医者でもよいのですが、なかなか分析することができません。それは、彼らの力《りき》量《りょう》を超《こ》えてしまうことがあるためです。

人間幸福学のなかには「成功の心理学」も入っている

大川隆法　実は、「経営成功学」的なものは、成功者の心理を分析しているわけですし、「人材論」や、あるいは、「帝王学《ていおうがく》」と言われるようなものは、そうした成功の心理学を分析して見せているのだと思うのです。

そういう意味では、本来、神秘的な世界にもかかわるような内容について、現在の学問では十分に届いていないと思われるものがあるため、宗教的なリサーチも参考にしつつ、現実に生きていく人たちに、よりよき人生を切り拓《ひら》くための道具を差し出していきたいと考えます。

それは、「考え方」、もしくは、「マインド」と言ってもよいかもしれません。「こういうマインドを持てば成功していく」「こういうところで躓《つまず》いた場合は、このように考え方を変えていくことによって乗り越《こ》えることはできる」というようなことです。

これは、成功の心理学として、十分に成立するものだと思っていますし、人間幸福学のなかには、そうした成功の心理学も入っていると考えていただいて、結構です。

人間幸福学は、そうした学問の側にすでにあるものに対して、ある意味で、宗教の側からの再度のチャレンジでもあると考えています。

8　未来に向けて開かれた学問体系をつくる

C――　本日は、ありがとうございます。
幸福の科学大学に求められているものは、『新しき大学の理念』（前掲《ぜんけい》書）でも説かれていますように、「創造性」や「未来性」であると思いますが、私は、この部分が、今の日本の大学、特に文系分野において欠けているのではないかと感じています。

大川総裁は、同書の「まえがき」で、「学問の世界におけるニュー・フロンティアを明らかにしたい」ということを述べられていますが、この「学問の世界におけるニュー・フロンティア」の持つ可能性について、ご教示を賜《たまわ》れれば幸いです。

この百年で、学問や常識も大きく変わった

大川隆法　人間は、現在ただいま生きている時間のなかでしか物事を考えることができないわけです。

例えば、今から百年ほど昔に戻《もど》り、一九〇〇年代の初めということであれば、ちょうど、第一次大戦が勃発《ぼっぱつ》したころに相当すると思います。とこ

ろが、そのころの人に、現代の姿や、現代の悩《なや》みを十分に考えられたでしょうか。やはり、この百年間で、世の中もそうとう変わり、人間の学問も、常識と思われるものも、大きく変わってきたであろうと思います。

百年以上前であれば、「エジソンが白熱電球をつくろうとして、数千回も失敗した」とか、「京都の竹まで取り寄せて、それをフィラメントに使えるかどうかを実験した」とかいうのは、美談にはなりますし、偉人伝《いじんでん》としてはよいでしょう。

しかし、現代の科学者から見たら、それは、ある意味で、笑ってしまうようなことかもしれません。「京都の竹でやっていたのですか」と、おかしくて笑ってしまうのではないでしょうか。今の大学の理系部門を卒業した人から見れば、あまりにも〝原始的〟に見えたはずですが、これが、このわずか百年の意味だろうと思うのです。

あるいは、もう少し遡《さかのぼ》り、アメリカで騎《き》兵隊《へいたい》とインディアンが、「弓矢」対「銃《じゅう》」で戦っていた時代に、「将来、原子爆弾《ばくだん》というものが使われて、戦争の決着がつくようなこともある」などと言っても、理解不能だろうと思います。

このように、時代が変わっていくにつれて、いろいろなものの考え方や判断が違《ちが》ってくるわけです。

「過去」ではなく、「未来」に開いた学問体系を

大川隆法　そういう意味では、「未来に向けて開いている学問体系」を持っていなければいけません。過去にだけ向いていてはいけないのです。

例えば、宗教を学問化する場合、たいていは、過去に向かっての方向性だけがあります。オリエンテーション（方向性）は過去であり、過去について探究するわけです。

「現在に、それをどう生かすか」という観点は、なかなか考えつくことができずに、「過去はこうだった」ということを、一生懸命《いっしょうけんめい》やろうとしま

す。

さらに、その過去についても、だんだん絞《しぼ》りがかかってきており、戦後の流れとしては、「実証的なものでなければいけない」とか、「考古学的なものでなければいけない」とか、「証拠《しょうこ》があるものでなければいけない」とかいう考え方が強くなってきて、それに基《もと》づいて考えるようになってきています。

例えば、仏教学やインド哲学《てつがく》についても、考古学的に見て調べるわけで、要するに、「古い層から出てくる資料のほうが、より本物に近いだろう」というような考古学的探究がなされているのです。

そのため、「昔の資料はこうだったから、それ以後のものは偽物《にせもの》である。

あとから付け加えられた、架空《かくう》のものである」というような考え方も、けっこう出てくるわけです。

ただ、そのような考え方もあるかもしれませんが、「この世に現物としてあるものだけは信じられるが、それ以外のものは信じられない」という考え方には、やはり、一定の問題を含《ふく》んでいると思いますし、学問のなかにも、「その時代性が投影《とうえい》される」という限界はあると思うのです。

戦後の「宗教軽視」の流れが仏教学に与《あた》えた影響《えいきょう》

大川隆法　例えば、中村元《なかむらはじめ》博士（一九一二～一九九九）という、仏教学者、インド哲学者としてかなり大きな業績を遺《のこ》された方がいます。ただ、私が彼の仏教学の本を読んだかぎりでは、「やはり霊魂《れいこん》というものはありえるのではないか」というようなことを、注か何かで小さく書いてあるのを一カ所見つけたことがあるだけでした。

彼の恩師（宇井伯寿《ういはくじゅ》）は霊魂を否定していたために書きにくかったのでしょうが、全体的には、「無霊魂説にも取れる無我説《むがせつ》」に近い記述が多かったように思われます。

その理由としては、やはり戦後の宗教軽視、宗教否定の流れや、「民主主義的なことが正しいのだ」という考え方があると思うのです。

例えば、釈迦《しゃか》の出誕《しゅったん》についても、昔から、「釈迦は、一国の王子として何不自由なく育ったにもかかわらず、一切《いっさい》をなげうって、真理を求めて出家《しゅっけ》し、六年の苦行《くぎょう》を経《へ》て悟《さと》りを開いて、衆生《しゅじょう》救済の旅に出た」ということになっているのですが、これを現代的に置き直していくわけです。

「釈迦は、国王の子という立場ではなかった。また、釈迦国は、今の地方自治体のようなものであり、そこでは、一種の共同体としての統治が行われていて、そのなかから互選《ごせん》で選ばれた議長のような立場が、釈迦の父親だったのだ。釈迦は、そのような議長の子だったのであり、日本で言えば、選挙で選ばれた県知事の息子《むすこ》ぐらいである。だから、王子というような立場ではなかったのだ」という話に持っていき、「釈迦が、高い地位を捨てて出家した」というところを取り去ろうとするのです。

釈迦《しゃか》を「自分のレベル」に引き寄せようとする仏教学者

大川隆法　また、釈迦《しゃか》の説法《せっぽう》についても同様です。それは、ちょうど私が東京ドームで講演をしていたころのものだと思いますが（一九九一年から一九九五年に、五万人の聴衆《ちょうしゅう》に対して説法をした）、中村元氏が生前に書かれたもののなかに、「釈迦は、大きな声を出して、大勢に向かっ

東京ドームでの講演風景

て説法したわけではない」というような文章があります。

あれは、名指しはしていないものの、私への批判ではないかと感じました。私が東京ドームで説法をすることについては、週刊誌等が批判を書いていましたが、中村元氏の文章にも、「私への批判が入っているのではないか」と思う箇所《かしょ》があり、「釈迦は、宗教学科の先生のように、三人や五人を相手にしてボソボソと話してい

た」というようなことを書いています。

しかし、それはあまりにも、釈迦を〝自分に引き寄せた〟書き方です。現実に、「印哲《いんてつ》」（インド哲学科）などは人気がなく、「数名の学生を確保できるかどうか」というようなところですし、学生がゼロのときには、教師の給料が出ないかもしれないので、死活問題なのでしょう。

昔、中村元氏は、日曜日にNHKで放送されている「こころの時代」という番組に出ていたことがありますが、彼が出ると視聴率《しちょうりつ》が一パーセントぐらいまで縮んでいくのです。

そのため、「こんなにいい話をしていても、テレビ局からは『もうやめたい』と言われて、いじめられているのに、片方では、大勢を集めて説法をしているのはおかしい」ということなのでしょう。

確かに、昔のインドには、そんなに大きな場所もなければ、マイクもなかったのは事実ですが、基本的に見落としているものがあります。それは、「多くの人を惹《ひ》き付ける魅力《みりょく》がなければ、新しい大きな宗教はできない」ということです。これは、どの宗教を調べても、すぐに分かることです。

その点を見落として、「学者が大学でゼミでもやるように、釈迦も小さなところでやっていた」と考えるなら、ここには、明確な思い込《こ》みがあります。やはり、「人間・釈迦」の像に、「学者としての自分」の像を〝投《とう》影《えい》〟しているとしか思えません。

仏典《ぶってん》のなかの「霊的《れいてき》な話」を無視する傾向性《けいこうせい》

大川隆法　それから、霊魂《れいこん》など、あの世の世界のことをあまり言うと迷信《めいしん》に見えるので、できるだけ、そういうものには触《ふ》れないようにし、この世の世界だけの話にして、道徳レベルに持っていき、哲学のようにしていこうとする傾向《けいこう》が非常に色濃《いろこ》く出ています。

この部分には、戦後の学問の事情が非常によく表れており、哲学で言えば、「実存主義哲学」に近い解釈《かいしゃく》がなされているわけです。

また、仏教の「無我説」についても、「ガンジス河が氾濫《はんらん》したら、泥《どろ》でつくった家などが流されていくように、この世のすべてのものは流されていくものである。それが、『無我説』なのだ」という解釈をしていますが、これだと、唯物論《ゆいぶつろん》との差は極《きわ》めて小さなものになるでしょう。

さらに、仏典《ぶってん》のなかには、釈迦が持っていた、霊的な諸能力（六大神通《じんつう》力《りき》）についてたくさん書かれているのですが、中村元氏は、それについてはまったく無視しています。

彼自身が翻訳《ほんやく》している仏典のなかには、私でも信じられないような、ずいぶん不思議なことが数多く書かれているにもかかわらず、全然〝かすらない〟らしくて、翻訳はしても、まったく頭に入らないようなのです。

仏典《ぶってん》に書かれている釈迦《しゃか》のさまざまな神通力《じんつうりき》

大川隆法　例えば、彼が翻訳している仏典《ぶってん》のなかには、他力《たりき》思想のもとになっている「阿闍世《あじゃせ》の物語」があります（『観無量寿経《かんむりょうじゅきょう》』）。そこに、次のような内容の話が出てきます。

マガダ国の王子である阿闍世は、自分が王となるために、父王を幽閉《ゆうへい》して餓死《がし》させようとするのですが、阿闍世の母親は、自分の体に蜜《みつ》やバター、小麦粉などを混ぜたものを塗《ぬ》って夫を訪《たず》ね、栄養補給をさせていました。

阿闍世は、父親がなかなか飢《う》え死《じ》にしないのを怪《あや》しんで調べたところ、実

阿闍世《あじゃせ》が父母を
幽閉《ゆうへい》したとされる
牢屋《ろうや》の跡《あと》

釈迦《しゃか》の説法《せっぽう》した
霊鷲山《りょうじゅせん》

は、母親がそのようなことをしていたのを知ります。

阿闍世は、「王子である自分に反抗《はんこう》を企《くわだ》てたのは許せない」ということで、母親を殺そうとするのですが、これに対して、周りから諫《いさ》める者があり、また、仏教徒からも諫める者がありました。彼らから、「かつて、王を殺した王子というのはいるけれども、母を殺した王子というのは、インドでもいません。それだけは思いとどまってください」と説得され、殺さずに幽閉することにします。

そうしたところ、その母親のもとに、釈迦《しゃか》や高弟《こうてい》の大目連《だいもくれん》などが霊鷲山《りょうじゅせん》から空中浮揚《ふよう》をして、要するに、空中を飛んできて、牢屋《ろうや》のなかに降り立ち、説教をしました。そういう話があります。

釈迦や大目連は、いかなる法則によって、空を飛び、牢のなかに姿を現して説教をしたのでしょうか。まことに不思議なものはありますが、中村元氏は、その点にはかかわらないようにして、そのまま訳しているのです。

ほかにも、「釈迦が、坐禅《ざぜん》したまま宙に浮《う》いて、空中から説法《せっぽう》をする」というものもありますが、それも、そのまま訳しています。これなどは、もうほとんど〝宇宙人〟のような感じのする描き方ですが、それに対するコメントはなしで、一切、解釈のほうには立ち入っていません。

このように、仏典には、「釈迦が神通力《じんつうりき》を発揮した」という話がたくさん書かれているのですが、「学者がコメントする立場にはない」と言われればそれまででしょう。

また、『新約聖書』には、「イエスが、湖の上を歩いて渡《わた》った」という話がありますが、仏典をきちんと読めば、「釈迦が空中を飛んでガンジス河を渡る話」が出てきます。

これは、キリストの話よりも何百年か前のことであり、釈迦の生誕年に関する中村元氏の説によれば、イエスの約四百年前、私の説によれば、五、六百年前のことになります（『黄金の法』〔幸福の科学出版刊〕参照）。

いずれにしても、「釈迦はガンジス河を渡し舟《ぶね》で渡ろうとしたのだけれども、渡し賃《ちん》がなかったので、しかたがないから空中を飛んで河の向こうに渡った」ということが書かれているわけです。

また、別の箇所には、「モーセが紅海《こうかい》を真っ二つに割った話」のように、

「釈迦が、河の水を割って、乾《かわ》いた砂地の上を歩いた」という話も書かれています。

このように、中村元氏が訳した仏典のなかには、そういう話が出てくるものの、彼が仏陀《ぶっだ》を語るときには、そういうものは全部消えていくという特徴《とくちょう》があります。

学問であっても「宗教の本質」を見失ってはいけない

大川隆法　それから、「釈迦は病気治しをしなかった」と言われることもありますが、渡辺照宏《わたなべしょうこう》博士（一九〇七～一九七七）の本には、そんなことはなく、「ある町に、ペストのような非常に悪性の病気が流行《はや》ったときに、釈迦が呪文《じゅもん》を唱え、聖水を撒《ま》かせて、それを鎮《しず》めた」という事跡《じせき》が遺《のこ》っていると書かれています。

渡辺照宏氏は信仰心《しんこうしん》のある方だったので、「キリストなどがやったことを、釈迦もやっていたのだ」ということを書いていますが、中村元氏は、そういうものに対しては注目しないわけです。

このように、学問として研究しているものであっても、「宗教の本質」の部分を完全に見失った場合には、あまりにもこの世的なものに引き寄せて物事を考えたり、単なる比喩《ひゆ》やたとえ話のように考えたりするのかもしれませんが、何かそういうものが書かれている場合には理由があるはずだと思ってよいのです。

さらに、「釈迦が、生まれてすぐ、東西南北にそれぞれ七歩歩いて、『天《てん》上《じょう》天《てん》下《げ》唯《ゆい》我《が》独《どく》尊《そん》』と言った」という話についても、当然、中村元氏のコメントはありません。

「生まれてすぐに歩く」というのは、医学的にはありえない話なので、象徴学的に解釈しなければならない面があるでしょう。ただ、「普《ふ》通《つう》の人ではない」とか、「偉《えら》い人の生まれ方には、現実にいろいろなことが起きる場合がある」とかいうことを語っているのかもしれません。

宗教体験を通して見えてくる「真実」

大川隆法　また、お経《きょう》のなかには、「釈迦の母である摩耶夫人《まやぶにん》は、釈迦が六本の牙《きば》の生えた白象《びゃくぞう》となってお腹《なか》に宿る夢を見た」という話が出てきます。

私は、それを「物語」だと思って読んでいたのですが、実際に、私の

「釈尊《しゃくそん》が白象《びゃくぞう》の姿になって宿る」という
摩耶夫人《まやぶにん》の夢を表したレリーフ

子供が生まれてくるときに、いろいろな姿をとってお腹に宿るのを夢で見ました。

だいたい、満九週目ごろに魂《たましい》が宿るのですが、例えば、長男のときには、白い大きな尨犬《むくいぬ》が入ってくる夢を見ました。

また、三男のときには、最初は女の子が生まれてくるのではないかと思っていたのですが、ちょうど魂がお腹に宿るときに、大きな黒鯉《くろごい》がピョーンと池で跳《は》ねて滝登《たきのぼ》りをする夢を見ました。そのため、「これは男の子ではないか」と言ったのを覚えています。

そのように、白い尨犬になったり、黒鯉になったりして夢のなかに出てきたので、魂が宿った瞬間《しゅんかん》、つまり、何月何日に魂が宿ったかが、はっきりと分かったのです。

私は実際にそういう体験をしたので、摩耶夫人が妊娠《にんしん》したときに、「象《ぞう》牙《げ》を生やした白象がお腹に宿ったのを夢に見た」というのは、いわゆる「霊夢《れいむ》」であり、事実であったのではないかと推定します。

そういう話は、後世の人が、釈迦を偉人や〝スーパーマン〟にしたくて、つくり話で書いたものではなく、本当のことであった可能性が高いでしょう。

実際の宗教体験を通して逆照射してみると、仏典に書かれている不思議な話のなかには、真実のものもあり、全部がつくり話や架空の話ではないという面が見えてくるところもあるのです。

とにかく、仏教学やキリスト教学等、今、世の中に幅広《はばひろ》く受け入れられているもののなかにも、真理はまだ生きていますので、そういうものも比《ひ》較《かく》宗教学的に研究していくとともに、現代の心理学などとも対照しながら、「人間の心理のあり方」や「潜在意識《せんざいいしき》」と言われるものと、「魂の世界」「霊界《れいかい》」と言われるものとの関連性についても、できるだけ照合しつつ、研究していく体質を持てれば幸いであると考えています。

司会　それでは、以上とさせていただきます。

まことにありがとうございました。

大川隆法　はい。少しもの足りないところもありますが、今回は、ここまでとします（会場拍手《はくしゅ》）。

あとがき

新しき宗教的理念のもとに、あらゆる学問を統合し、再構築する、という壮大なテーマを掲《かか》げて、この小さな本は出発した。考えてみれば、「人間幸福学」とは、人類にとって永遠のテーマであり、「悠久《ゆうきゅう》なるものの影」を宿《やど》した、根源的かつ普遍《ふへんてき》的な学問である。

かつてのギリシャ哲学が形骸化《けいがいか》し、仏教もキリスト教も救済力を失いつつある今、もっとラディカルで本質的な思想を教える学問が必要である。「人間は何のために学問をするのか」という問いに答えうる学問が必要である。何のために自助努力し、高度な社会を建設する必要があるのか、何のために未来科学が必要なのか、に答え切る自信が求められている。

つまり、「人間幸福学」とは、「学問の挑戦とは何か」を自覚させ、研究させ続けるための学問でもある。

二〇一三年　十月二十二日

幸福《こうふく》の科学《かがく》グループ創始者兼総裁《そうししゃけんそうさい》

幸福《こうふく》の科学大学創立者《かがくだいがくそうりつしゃ》　大川隆法《おおかわりゅうほう》

『「人間幸福学」とは何か』大川隆法著作関連書籍

『黄金の法』（幸福の科学出版刊）
『新しき大学の理念』（同右）
『エル・カンターレ英会話入門――上級チャレンジ編――』
（宗教法人幸福の科学刊）

※左記は書店では取り扱っておりません。最寄りの精舎・支部・拠点までお問い合わせください。

「人間幸福学《にんげんこうふくがく》」とは何《なに》か
――人類の幸福を探究する新学問――

2013年11月1日　初版第1刷

著　者　大《おお》 川《かわ》 隆《りゅう》 法《ほう》

発行所　幸福の科学出版株式会社
〒107-0052 東京都港区赤坂2丁目10番14号
TEL(03)5573-7700
http://www.irhpress.co.jp/

印刷・製本　株式会社 東京研文社

落丁・乱丁本はおとりかえいたします

ISBN978-4-86395-405-2 C0030

大川隆法ベストセラーズ・理想の教育を目指して

教育の法

信仰と実学の間で

深刻ないじめ問題の実態と解決法や、尊敬される教師の条件、親が信頼できる学校のあり方など、教育を再生させる方法が示される。

1,800円

教育の使命

世界をリードする人材の輩出を

わかりやすい切り口で、幸福の科学の教育思想が語られた一書。イジメ問題や、教育荒廃に対する最終的な答えが、ここにある。

1,800円

幸福の科学学園の未来型教育

「徳ある英才」の輩出を目指して

幸福の科学学園の大きな志と、素晴らしい実績について、創立者が校長たちと語りあった——。未来型教育の理想がここにある。

1,400円

大川隆法 ベストセラーズ・「大川隆法」の魅力を探る

大川総裁の読書力

知的自己実現メソッド

区立図書館レベルの蔵書、時速2000ページを超える読書スピード――。1300冊を超える著作を生み出した驚異の知的生活とは。

- **知的自己実現のために**
- **初公開! 私の蔵書論**
- **実践・知的読書術**
- **私の知的生産法** ほか

1,400円

素顔の大川隆法

素朴な疑問からドキッとするテーマまで、女性編集長3人の質問に気さくに答えた、101分公開ロングインタビュー。大注目の宗教家が、その本音を明かす。

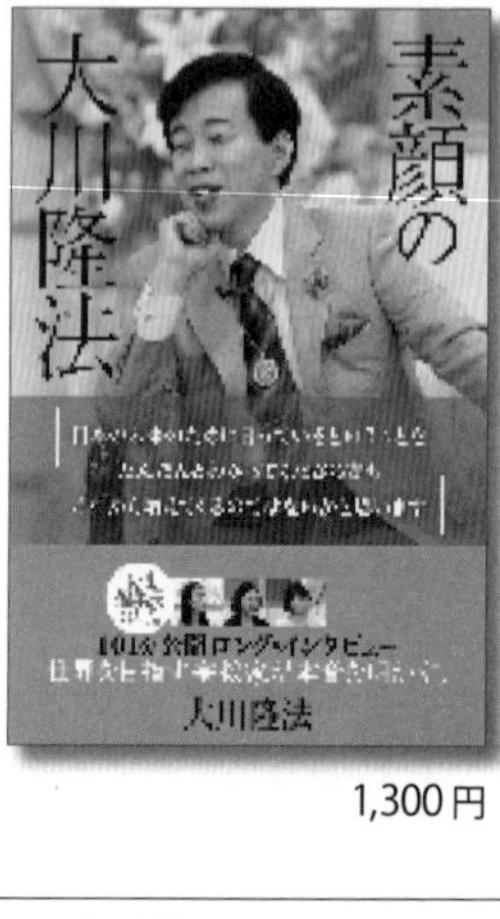

- **初公開! 霊言の気になる疑問に答える**
- **聴いた人を虜にする説法の秘密**
- **すごい仕事量でも暇に見える「超絶仕事術」**
- **美的センスの磨き方** ほか

1,300円

※表示価格は本体価格(税別)です。

大川隆法 ベストセラーズ・「大川隆法」の魅力を探る

大川隆法の守護霊霊言

ユートピア実現への挑戦

あの世の存在証明による霊性革命、正論と神仏の正義による政治革命。幸福の科学グループ創始者兼総裁の本心が、ついに明かされる。

- 「日本国憲法」の問題点
- 「幸福実現党」の立党趣旨
- 「宗教革命」と「政治革命」
- 大川隆法の「人生計画」の真相 ほか

1,400円

政治革命家・大川隆法

幸福実現党の父

未来が見える。嘘をつかない。タブーに挑戦する――。政治の問題を鋭く指摘し、具体的な打開策を唱える幸福実現党の魅力が分かる万人必読の書。

- 「リーダーシップを取れる国」日本へ
- 国力を倍増させる「国家経営」の考え方
- 「時代のデザイナー」としての使命
- 「自由」こそが「幸福な社会」を実現する ほか

1,400円

2015年開学予定!

幸福の科学大学

（仮称）設置認可申請予定

幸福の科学大学は、日本の未来と世界の繁栄《はんえい》を拓《ひら》く
「世界に通用する人材」「徳あるリーダー」を育てます。

校舎棟イメージ図

幸福の科学大学が担う使命

「ユートピアの礎《いしずえ》」

各界を変革しリードする、徳《とく》ある英才・真のエリートを連綿《れんめん》と輩出《はいしゅつ》し続けます。

「未来国家創造の基礎《きそ》」

信仰心《しんこうしん》・宗教的価値観を肯定《こうてい》しつつ、科学技術の発展や
社会の繁栄《はんえい》を志向《しこう》する、新しい国づくりを目指します。

「新文明の源流」

「霊界《れいかい》」と「宇宙」の解明を目指し、新しい地球文明・文化のあり方を
創造・発信し続けます。

幸福の科学大学の魅力

1 夢にチャレンジする大学

今世《こんぜ》の「使命」と「志《こころざし》」の発見をサポートし、学生自身の個性や強みに基づいた人生計画の設計と実現への道筋を明確に描きます。

2 真の教養を身につける大学

仏法真理を徹底的に学びつつ心の修行を重ね、魂の器《うつわ》を広げます。仏法真理を土台に、正しい価値判断ができる真の教養人を目指します。

3 実戦力を鍛える大学

実戦《じっせん》レベルまで専門知識を高め、第一線で活躍するリーダーと交流を持つことによって、現場感覚や実戦力を鍛《きた》え、成果を伴《ともな》う学問を究《きわ》めます。

4 世界をひとつにする大学

自分の意見や考えを英語で伝える発信力を身につけ、宗教や文化の違いを越えて、人々を魂レベルで感化《かんか》できるグローバル・リーダーを育てます。

5 未来を創造する大学

未来社会や未来産業の姿を描き、そこから実現に必要な新発見・新発明を導き出します。過去の思想や学問を総決算し、新文明の創造を目指します。

校舎棟の正面

学生寮

大学完成イメージ

Noblesse《ノーブレス》 Oblige《オブリージ》 「高貴なる義務」を果たす、「真のエリート」を目指せ。

幸福の科学学園
中学校・高等学校（那須本校）

Happy Science Academy Junior and Senior High School

私は、
教育が人間を創ると
信じている一人である。
若い人たちに、
夢とロマンと、精進、
勇気の大切さを伝えたい。
この国を、全世界を、
ユートピアに変えていく力を
出してもらいたいのだ。

（幸福の科学学園 創立記念碑より）

幸福の科学学園 創立者
大川隆法

幸福の科学学園（那須本校）は、幸福の科学の教育理念のもとにつくられた、男女共学、全寮制の中学校・高等学校です。自由闊達な校風のもと、「高度な知性」と「徳育」を融合させ、社会に貢献するリーダーの養成を目指しており、2013年4月には開校三周年を迎えました。

Noblesse《ノーブレス》 Oblige《オブリージ》 「高貴なる義務」を果たす、「真のエリート」を目指せ。

2013年 春 開校

幸福の科学学園 関西中学校・高等学校

Happy Science Academy
Kansai Junior and Senior High School

私は日本に
真のエリート校を創り、
世界の模範としたい
という気概に満ちている。
『幸福の科学学園』は、
私の『希望』であり、
『宝』でもある。
世界を変えていく、
多才かつ多彩な人材が、
今後、数限りなく
輩出されていくことだろう。

（幸福の科学学園関西校 創立記念碑より）

幸福の科学学園 創立者
大川隆法

滋賀県大津市、美しい琵琶湖の西岸に建つ幸福の科学学園（関西校）は、男女共学、通学も入寮も可能な中学校・高等学校です。発展・繁栄を校風とし、宗教教育や企業家教育を通して、学力と企業家精神、徳力を備えた、未来の世界に責任を持つ「世界のリーダー」を輩出することを目指しています。

幸福の科学学園・教育の特色

「徳ある英才」の創造

教科「宗教」で真理を学び、行事や部活動、寮を含めた学校生活全体で実修して、ノーブレス・オブリージ(高貴なる義務)を果たす「徳ある英才」を育てていきます。

体育祭

天分を伸ばす「創造性教育」

教科「探究創造」で、偉人学習に力を入れると共に、日本文化や国際コミュニケーションなどの教養教育を施すことで、各自が自分の使命・理想像を発見できるよう導きます。さらに高大連携教育で、知識のみならず、知識の応用能力も磨き、企業家精神も養成します。芸術面にも力を入れます。

探究創造科発表会

一人ひとりの進度に合わせた「きめ細やかな進学指導」

熱意溢れる上質の授業をベースに、一人ひとりの強みと弱みを分析して対策を立てます。強みを伸ばす「特別講習」や、弱点を分かるところまでさかのぼって克服する「補講」や「個別指導」で、第一志望に合格する進学指導を実現します。

授業の様子

自立心と友情を育てる「寮制」

寮は、真なる自立を促し、信じ合える仲間をつくる場です。親元を離れ、団体生活を送ることで、縦・横の関係を学び、力強い自立心と友情、社会性を養います。

毎朝夕のお祈りの時間

幸福の科学学園の進学指導

1 英数先行型授業

受験に大切な英語と数学を特に重視。「わかる」(解法理解)まで教え、「できる」(解法応用)、「点がとれる」(スピード訓練)まで繰り返し演習しながら、高校三年間の内容を高校二年までにマスター。高校二年からの文理別科目も余裕で仕上げられる効率的学習設計です。

2 習熟度別授業

英語・数学は、中学一年から習熟度別クラス編成による授業を実施。生徒のレベルに応じてきめ細やかに指導します。各教科ごとに作成された学習計画と、合格までのロードマップに基づいて、大学受験に向けた学力強化を図ります。

3 基礎力強化の補講と個別指導

基礎レベルの強化が必要な生徒には、放課後や夕食後の時間に、英数中心の補講を実施。特に数学においては、授業の中で行われる確認テストで合格に満たない場合は、できるまで徹底した補講を行います。さらに、カフェテリアなどでの質疑対応の形で個別指導も行います。

4 特別講習

夏期・冬期の休業中には、中学一年から高校二年まで、特別講習を実施。中学生は国・数・英の三教科を中心に、高校一年からは五教科でそれぞれ実力別に分けた講座を開講し、実力養成を図ります。高校二年からは、春期講習会も実施し、大学受験に向けて、より強化します。

5 幸福の科学大学(仮称・設置認可申請予定)への進学

二〇一五年四月開学予定の幸福の科学大学への進学を目指す生徒を対象に、推薦制度を設ける予定です。留学用英語や専門基礎の先取りなど、社会で役立つ学問の基礎を指導します。

授業の様子

詳しい内容、パンフレット、募集要項のお申し込みは下記まで。

幸福の科学学園 関西中学校・高等学校

〒520-0248
滋賀県大津市仰木の里東2-16-1
TEL.077-573-7774
FAX.077-573-7775
[公式サイト]
www.kansai.happy-science.ac.jp
[お問い合わせ]
info-kansai@happy-science.ac.jp

幸福の科学学園 中学校・高等学校

〒329-3434
栃木県那須郡那須町梁瀬 487-1
TEL.0287-75-7777
FAX.0287-75-7779
[公式サイト]
www.happy-science.ac.jp
[お問い合わせ]
info-js@happy-science.ac.jp

仏法真理塾

サクセスNo.1

未来の菩薩を育て、仏国土ユートピアを目指す！

サクセスNo.1 東京本校（戸越精舎内）

仏法真理塾「サクセスNo.1」とは

宗教法人幸福の科学による信仰教育の機関です。信仰教育・徳育にウエイトを置きつつ、将来、社会人として活躍するための学力養成にも力を注いでいます。

「サクセスNo.1」のねらいには、「仏法真理と子どもの教育面での成長とを一体化させる」ということが根本にあるのです。

大川隆法総裁　御法話『「サクセスNo.1」の精神』より

仏法真理塾「サクセスNo.1」の教育について

信仰教育が育む健全な心

御法話拝聴や祈願、経典の学習会などを通して、仏の子としての「正しい心」を学びます。

学業修行で学力を伸ばす

忍耐力や集中力、克己心を磨き、努力によって道を拓く喜びを体得します。

法友との交流で友情を築く

塾生同士の交流も活発です。お互いに信仰の価値観を共有するなかで、深い友情が育まれます。

●サクセスNo.1は全国に、本校・拠点・支部校を展開しています。

東京本校	TEL.03-5750-0747	FAX.03-5750-0737
名古屋本校	TEL.052-930-6389	FAX.052-930-6390
大阪本校	TEL.06-6271-7787	FAX.06-6271-7831
京滋本校	TEL.075-694-1777	FAX.075-661-8864
神戸本校	TEL.078-381-6227	FAX.078-381-6228
西東京本校	TEL.042-643-0722	FAX.042-643-0723
札幌本校	TEL.011-768-7734	FAX.011-768-7738
福岡本校	TEL.092-732-7200	FAX.092-732-7110
宇都宮本校	TEL.028-611-4780	FAX.028-611-4781
高松本校	TEL.087-811-2775	FAX.087-821-9177
沖縄本校	TEL.098-917-0472	FAX.098-917-0473
広島拠点	TEL.090-4913-7771	FAX.082-533-7733
岡山拠点	TEL.086-207-2070	FAX.086-207-2033
北陸拠点	TEL.080-3460-3754	FAX.076-464-1341
大宮拠点	TEL.048-778-9047	FAX.048-778-9047

全国支部校のお問い合わせは、
サクセスNo.1 東京本校（TEL. 03-5750-0747）まで。
メール info@success.irh.jp

エンゼルプランV

信仰教育をベースに、知育や創造活動も行っています。

信仰に基づいて、幼児の心を豊かに育む情操教育を行っています。また、知育や創造活動を通して、ひとりひとりの子どもの個性を大切に伸ばします。お母さんたちの心の交流の場ともなっています。

TEL 03-5750-0757　FAX 03-5750-0767
メール angel-plan-v@kofuku-no-kagaku.or.jp

ネバー・マインド

不登校の子どもたちを支援するスクール。

「ネバー・マインド」とは、幸福の科学グループの不登校児支援スクールです。「信仰教育」と「学業支援」「体力増強」を柱に、合宿をはじめとするさまざまなプログラムで、再登校へのチャレンジと、進路先の受験対策指導、生活リズムの改善、心の通う仲間づくりを応援します。

TEL 03-5750-1741　FAX 03-5750-0734
メール nevermind@happy-science.org

ユー・アー・エンゼル！（あなたは天使！）運動

障害児の不安や悩みに取り組み、ご両親を励まし、勇気づける、障害児支援のボランティア運動です。学生や経験豊富なボランティアを中心に、全国各地で、障害児向けの信仰教育を行っています。保護者向けには、交流会や、医療者・特別支援教育者による勉強会、メール相談を行っています。

TEL 03-5750-1741　FAX 03-5750-0734
メール you-are-angel@happy-science.org

シニア・プラン21

生涯反省で人生を再生・新生し、希望に満ちた生涯現役人生を生きる仏法真理道場です。週1回、開催される研修には、年齢を問わず、多くの方が参加しています。現在、全国8カ所（東京、名古屋、大阪、福岡、新潟、仙台、札幌、千葉）で開校中です。

東京校 TEL 03-6384-0778　FAX 03-6384-0779
メール senior-plan@kofuku-no-kagaku.or.jp

入会のご案内

あなたも、幸福の科学に集い、
ほんとうの幸福を
見つけてみませんか？

幸福の科学では、大川隆法総裁が説く仏法真理をもとに、「どうすれば幸福になれるのか、また、他の人を幸福にできるのか」を学び、実践しています。

入会

大川隆法総裁の教えを信じ、学ぼうとする方なら、どなたでも入会できます。入会された方には、『入会版「正心法語」』が授与されます。（入会の奉納は1,000円目安です）

ネットでも**入会**できます。詳しくは、下記URLへ。
happy-science.jp/joinus

三帰《さんき》誓願《せいがん》

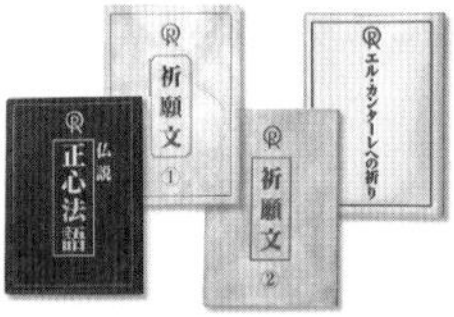

仏弟子としてさらに信仰を深めたい方は、仏・法・僧の三宝への帰依を誓う「三帰誓願式」を受けることができます。三帰誓願者には、『仏説・正心法語』『祈願文①』『祈願文②』『エル・カンターレへの祈り』が授与されます。

植福《しょくふく》の会

植福は、ユートピア建設のために、自分の富を差し出す尊い布施の行為です。布施の機会として、毎月1口1,000円からお申込みいただける、「植福の会」がございます。

「植福の会」に参加された方のうちご希望の方には、幸福の科学の小冊子（毎月1回）をお送りいたします。詳しくは、下記の電話番号までお問い合わせください。

月刊「幸福の科学」

ザ・伝道

ヤング・ブッダ

ヘルメス・エンゼルズ

INFORMATION
幸福の科学サービスセンター
TEL. 03-5793-1727（受付時間 火〜金：10〜20時／土・日：10〜18時）
宗教法人 幸福の科学 公式サイト **happy-science.jp**